hen

tavuk

rooster

horoz

chick

civciv

duckling

ördek yavrusu

turkey

hindi

donkey

eşek

swan

kuğu

frog

kurbağa

racoon

rakun

bear

ayı

squirrel

sincap

fly

sinek

ladybug

uğur böceği

worm

solucan

snail

salyangoz

slug

sümüklü böcek

bee

arı

spider

örümcek

beetle

böcek

dragonfly

yusufçuk

lion

aslan

zebra

zebra

giraffe

zürafa

rhinoceros

gergedan

snake

yılan

mosquito

sivrisinek

sea turtle

deniz kaplumbağası

hippopotamus

su aygırı

alligator

timsah

crocodile

timsah

shark

köpek balığı

walrus

mors

penguin

penguen

polar bear

kutup ayısı

seal

fok

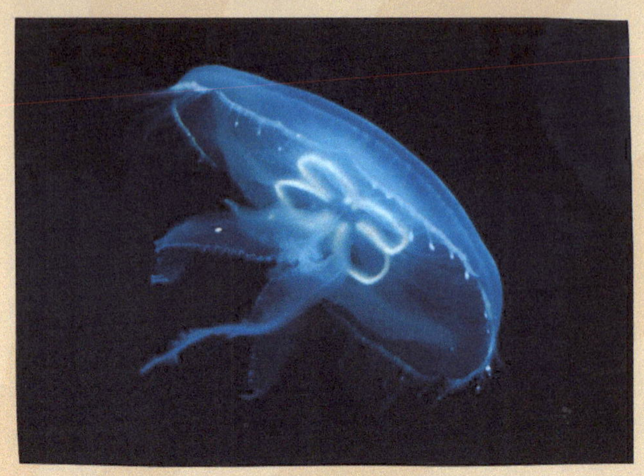

starfish

denizyıldızı

jellyfish

denizanası

seashells

deniz kabukları

feather

kuş tüyü

11

eleven

on bir

12

twelve

on iki

13

thirteen

on üç

14

fourteen

on dört

15

fifteen

on beş

16

sixteen

on altı

17

seventeen

on yedi

18

eighteen

on sekiz

19

nineteen

on dokuz

20

twenty

yirmi

heart

kalp

oval

oval

arrow

ok

crescent

hilal

curve

eğri

spiral

sarmal

cross

çarpı

zigzag

zikzak

rainbow

gökkuşağı

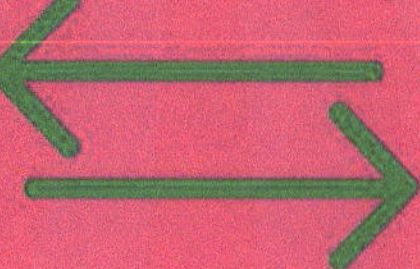

dark colors

koyu renkler

light colors

açık renkler

dots

noktalar

line

çizgi

short

kısa

tall

uzun

a little

biraz

a lot

çok

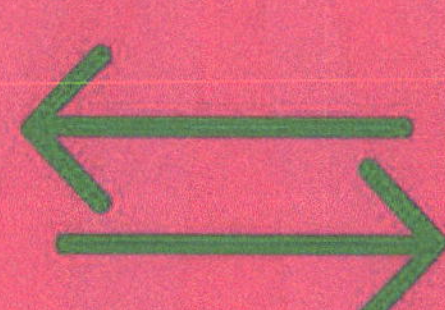

full

dolu

empty

boş

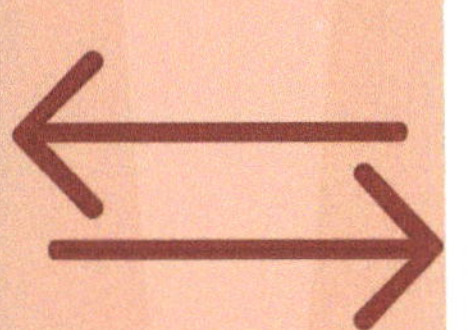

curly hair

kıvırcık saç

straight hair

düz saç

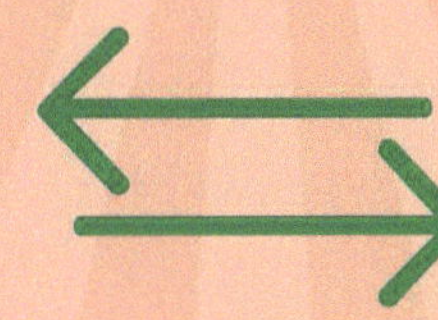

accept

kabul etmek

refuse

reddetmek

identical

aynı

different

farklı

dry

kuru

wet

ıslak

toys

oyuncaklar

blocks

bloklar

ball

top

robots

robotlar

tongue

dil

nose

burun

hair

saç

moustache

bıyık

fingers

parmaklar

arm

kol

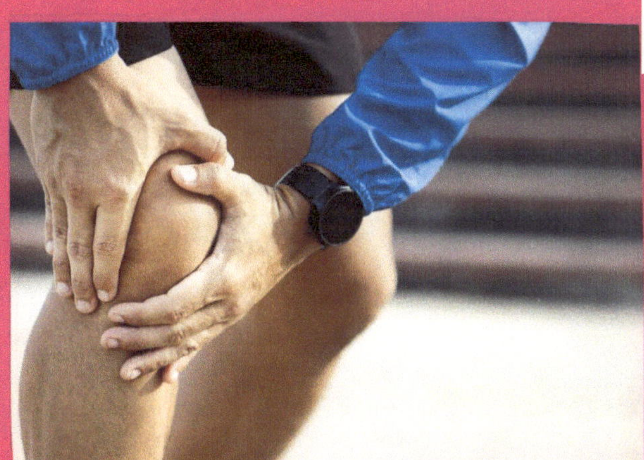

knee

diz

elbow

dirsek

smile

gülümsemek

kiss

öpücük

cry

ağlamak

pain

acı

body

vücut

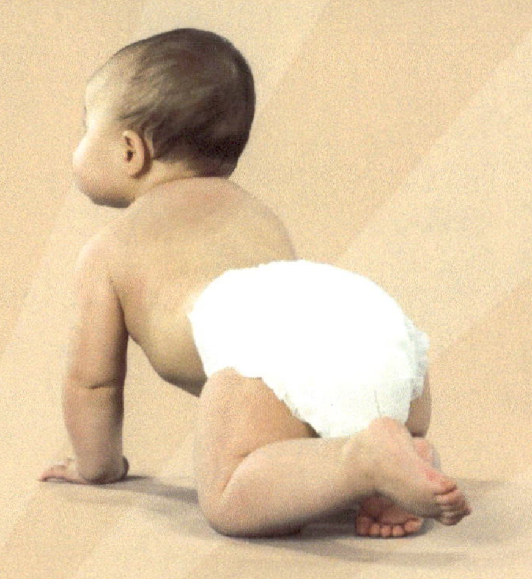

back

geri

pacifier

emzik

high chair

mama sandalyesi

soap

sabun

toothbrush

diş fırçası

towel

havlu

potty

lazımlık

ring

yüzük

bracelet

bilezik

necklace

kolye

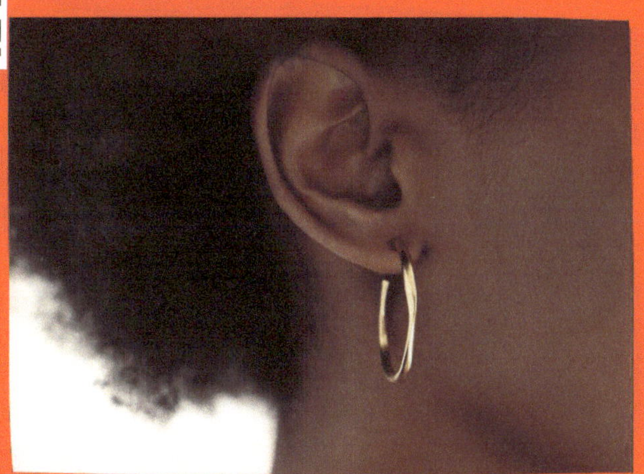

earring

küpe

chocolate

çikolata

popcorn

patlamış mısır

jam

reçel

toast

kızarmış ekmek

honey

bal

butter

tereyağı

bread

ekmek

ice cream

dondurma

semolina

irmik

rice

pirinç

pasta

makarna

soup

çorba

milk

süt

water

su

juice

meyve suyu

kiwi

kivi

raspberry

ahududu

grapefruit

greyfurt

melon

kavun

plum

erik

apricot

kayısı

pomegranate

nar

fig

incir

blueberry

yaban mersini

cranberry

kızılcık

persimmon

trabzon hurması

lychee

liçi

fruits

meyveler

vegetables

sebzeler

avocado

avokado

green bean

taze fasulye

broccoli

brokoli

eggplant

patlıcan

peas

bezelye

bell pepper

dolmalık biber

beet

pancar

lettuce

marul

endive

hindiba

artichoke

enginar

leek

pırasa

onion

soğan

garlic

sarımsak

ginger

zencefil

walnuts

ceviz

almond

badem

pistachio

fıstık

cashew

kaju fıstığı

www.ingramcontent.com/pod-product-compliance
Lightning Source LLC
LaVergne TN
LVHW071211160826
845679LV00003B/803